Kwon Young-Hee

시인 권영희

이 책을 남편 Andre와 아들 Eric에게 바친다.

뒤돌아보니 문득

시학
Poetics

뒤돌아보니 문득

1판 1쇄 펴낸날 2021년 5월 7일

지은이 권영희

펴낸곳 시와시학 도서출판
펴낸이 엄세천
편집 박혜영 심연우

주소 서울특별시 동대문구 망우로21길 45 2층 202호
전화 02-744-0110
전자우편 sihaksa1991@naver.com

출판등록 2016년 1월 18일
등록번호 제2021-000008호

ISBN 979-11-87451-97-6 (03810)
값 10,000원

* 저자와의 협의에 의해 인지를 생략합니다.
* 잘못된 책은 바꾸어 드립니다.

권영희 시집
뒤돌아보니 문득

시학

■ 시인의 말

　밤 하늘에 수많은 별 중 하나는 나의 별이라 생각했던 소녀시절, 한국의 격동기 속에 성숙하여 미국 땅을 밟은 지 오래, 문화에 취해 삶을 위해 뛰다가 맑은 샘물이 고이는 우물가에 자리를 잡았다. 그 우물 속엔 늘 내가 있어 이야기할 수가 있고 존재 소리가 들린다. 솟는 물은 언제나 맑고 내 별도 뜨니 종일 들여다본다.

　나를 버텨주는 시 창작, 자주 도망갔다 다시 찾아오는 시, 더욱 사랑하게 되는 시.

　이젠 다른 별을 찾지 말자, 다만 있는 것을 사랑하자.

　나의 시 언제 여무르려나, 먼 산을 바라보니 아득하다.

2021년 봄
권영희

차례

시인의 말 _ 007

제1부

후회 _ 015
크레용 한 토막 _ 016
적막 _ 017
오해는 슬프다 _ 018
예감 _ 019
빈집 _ 020
문득, 12월 정류장 _ 021
마포 종점 _ 023
마포종점2 _ 025
마지막 달력 _ 026
마름질 _ 027
딸에게 _ 028
데스밸리 풍경 _ 030
누님의 가을 _ 031
낮잠 _ 032
날마다 버린다 _ 034

제2부

꽃 한 송이 _ 039
겨울 정원 _ 041
가을 숲 _ 043
가을 마음 _ 044
한순간 _ 045
파피꽃 _ 047
지는 해를 바라보며 _ 048
잃어버린 시간 _ 050
외등 _ 051
오지 않는 언어 _ 052
여름을 자른다 _ 053
샤갈의 마을 _ 054
복사꽃만이 _ 055
두 번 산다 _ 057
버려진 꽃잎 _ 059

제3부

독거 _ 063
도서관에 간다 _ 065
너를 떠나보내고 _ 067
기억에서 멀리 _ 069
그것은 사랑이었다 _ 071
겨울나무 _ 073
가지치기 _ 074
가을 편지 _ 076
5초 _ 078
5월의 폭설 _ 080
산사로 가는 길 _ 081
파피꽃처럼 터져 나와 _ 083
코스모스 _ 085
창가의 시간들 _ 086
이사를 하면서 _ 087
어떤 사랑 _ 089
사라지지 않는 섬 _ 090

제4부

사과밭에 앉아 _ 093
비에 젖은 수채화 _ 095
밥상 차리는 여자 _ 096
바람은 혼자 산다 _ 097
밀물 썰물 _ 099
몸살 _ 100
다불류 닷컴의 통증 _ 101
막막한 밤 _ 102
내가 버린 작은 것 _ 103
나무로 서면 _ 104
그는 누구인지 _ 106
국화 _ 107
곧 갈게 _ 109
겨울 숲 _ 111

발문 | 최선호 _ 115
작품해설 | 이형권 _ 121

제1부

후회

바람에 떠밀려 멈춘 그 길목엔
시들은 낮달이 노상 들락거리고
오가며 쉬어가던 시간들이
거북이 등처럼 쌓여있네

꿈이었나

멀리 가야만 있을 것 같아
헤매이던 숲속엔
새들은 없고 나뭇잎새는
바람을 기다리다 죽어갔다
되돌아온 길목에서 서성거리며
배반했던 진실 앞에
이토록 가슴 저림은
진실의 침묵을 듣지 못한 내 어리석음

밤새 아프다

크레용 한 토막

말을 해줄까 말까 망설인다
턱수염에 떡 벌어진 근육
장난기가 영락없이 그대로인
아들을 보는 내 가슴
왜 이리 벅차오를까

그림 그리기를 좋아했지
까르르 까르르 시끄런 웃음 속에서
담배연기 흉내 내다 코 속으로
미끄러지는 크레용 한 토막
덜컹대는 구급차 속에서 더 빨리
넘어가는 그 오렌지 크레용

나는 그때만큼 내가
그의 어머니였던 때는
다시 없었다

적막

시간은 눈 뜨자 내 곁으로
커피 향을 끌고 펼친
아침 신문 속으로 따라온다

시작되는 삶, 자동차 경적 소란에
도시는 술렁대는데, 시간은
강물처럼 무심하다

오후 3시
빌딩들은 낮잠에 빠지고
거리엔 햇살이 멈추는 잠시
떡갈나무잎새 하나
시간에 젖어 혼자 뒹구는

문득, 거기
손님처럼 가을이 서 있다
황홀한 적막

나는 나를 잊어버린 채

오해는 슬프다

그까짓 것 아무리 그래도 넌 혼자다
비비 꼬이고 뱅뱅 돌다가 넌 제자리에 올 것이다

꽃길 걸으며 맹세까지 한 네 뒤 안에
숨어있던 무엇을 이제 알겠다
날이 갈수록 곰팡이 스는 우정이었던가

고작 그것이었네
손 놓아야할 시간
그냥 쓸쓸할 뿐

다시 돌아올 때면 더 쓸쓸해지겠네
못 먹을 만큼 씁쓸해지겠네

예감

뒤돌아보니
어깨를 툭 치는 이 있어
다시 걷는 내 앞에
사선으로 떨어지는
잎새 하나

문득, 남녘 하늘 철새들 떼 지어
까마득히 사라진다
설마 잊었겠는가
지난 겨울밤 연못에서
주고받던 말, 기다림이
잘못은 아니라면서

그 연못가 물안개 내리고
잎새들 내 발등에
우수수 부서지는 밤

어떤 발자국 나를 향하고
있을 것 같은

빈집

종일 칭얼대던 아이 울음 그치듯
선뜻 다가온 어둠속으로
흩날리는 창가의 눈송이도
내겐 말을 걸어오질 않는구나

마주하고 가슴 태우던
꺼질 줄 모르던 불꽃
방안 가득하던 촛불들 어디로 갔느냐
숨어 다니던 바람소리들 어디로 갔느냐
함께 꽃피던 자리에 함께 떨어지자던
그 말들 어디로 갔느냐

나는 이제 창밖의 여자
흰 눈발에 밤새 젖으며
밖에 서서 있을 것이다

빈집에 들어갈 수 있는
그날을 기다리며

문득, 12월 정류장

가을이 출렁거리는 벌판으로
서둘러 차에 올랐다
한사코 따라오는 차창의 간판들을
기차가 밀쳐버릴 때
나, 주름진 시간들을 버린다

아무데서 내린들 어떠리
들국화 피어있는 들이라면
갈대의 노래 거기 있다면
주막이 있으면 더 없이 좋으리

어떤 얼굴 한사코 따라오네
가을 속에 숨어 있었네
차창엔 들꽃들 만발한데
내 눈엔 눈물 가득 고이네

기차는 쓸쓸한 11월 들판에
날 내려놓고

12월 정거장으로 떠났는데
그 길목엔 잃어버린 그 얼굴
서서 있을까

들판은 옆에서 옆으로만 달리고
기차는 세월만 싣고 달리네

마포 종점

지금은 흔적 없는
마포행 만원 전차
코와 코가 닿고 부둥켜 앉아야
한강 모래사장에 겨우 이른다

아마도 그곳엔 내 꿈이 기다릴 거라고
누군가 말해주었나
멀리멀리 가야만 만날 수 있다고

잔물결은 찰싹거리고
부드러운 강바람 나를 흔든다
흰 모래 발가락만 간질이는데
흐르는 별 하나, 내 입술에
화살로 꽂힌다

화살을 쏜 이 누군지 잊어버린 채
이 두근거림은 우주의 소리라고
영혼의 소리라고 가슴에 귀를 대고

뒹구는 두 영혼의 불꽃
숨 죽여 어둠을 뚫고 강을 건넌다,
그것이 꿈이었다고

마포는 더 이상 종점이 아니다

마포종점2

붉은 깃발 날리며 통통배가 들어올 때면
흰옷 입은 여인들 선창가에
갈매기 되어 몰려든다

발그레한 새우젓 푸대가 바다 냄새를 토할 때
기다렸던 부두의 아낙들 웃음은
멀미에 절은 뱃사공의 두 뺨을 어루만지고
함박꽃 같은 그 웃음 심상치 않다
몇몇 달을 참았던 그리움이
한 됫박의 새우젓에 담겨 건너간다 해도
그 은밀한 눈짓, 어디 그것뿐이랴

저 멀리 돌아가는 뱃고동 소리는
얼마요~ 얼마요~ 아우성을 지우며
푸른 파도를 가르며 미끄러지는데

낭떠러지 절벽에서 빨래하는 여인들
방망이 소리 요란하구나

마지막 달력

영글지 못한 채 죽은 꿈들
길모퉁이에서
내게 매달려 노을 속으로
사위어가네

수없이 가슴 조이고, 허물어지고
수없이 해가 뜨고 해 지고
달려간 곳엔
아무 것도 없었네

어느 봄날이 지나고
여름 태풍의 아우성이
눈 폭풍을 몰아와
내 뺨을 때릴 때

차가운 낯선 겨울 강에
묵은 상념을 띄우고

또 다른 나 하나
저물어가네

마름질

다가올 연말에 선물 살 돈을
이리저리 나누며
한해 그 얼굴 떠 올린다
보잘 것 없는 것 살 바에는
사지 않는 것이 낫다 했지만
그들 이런 내 마음 알아줄까

그 옛날 어머니가 치맛감 잘라서
잇고 또 이어 다림질 하시던
그 모습 왜 이렇게 눈에 훤할까

자꾸만 짧아지는 남은 시간
시(詩)로 씨와 날을 촘촘히 짜서
영혼으로 무늬 새기니
마음에 드는 옷 한 벌
그 옷 입고 돌아보니
마름질 잘 못한 내 시간
온 데 간 데 없네

딸에게

누구의 선물인 듯 오늘도 태양은 떴다
새벽 골목길 구수한 냄새가 날 부른다
콩나물 보글보글 뜨거운 해장국이
깍두기와 놓일 때 시작되는 하루

벗겨진 어깨 등살에 손 얹는
정다운 얼굴들이 모여드는 골목식당

아빠 하며 달려오는 저녁이 있어
해장국에 구겨진 사연을 담고
얹힌 대파를 꾹꾹 누르며
눈물 고이는 아침밥

채석장 붉은 벽돌이 너의 꿈을 쌓으며
삶이 별것이냐고 별것 아닌 것에
생애를 건다고 말해 보지만

가로수 푸른 잎 사이를 뚫고 건너오는 태양빛
새 희망의 날개 타고 멀리 갈 수 있는 건

너를 위한 노래
그래서 오늘도 나는 휘파람 분다

데스밸리 풍경

피조물의 생명 하얗게 증발해 버린
출입구도 비상구도 없는
흔적의 땅

억겁의 세월이 죽음을 밀고 당기며
달빛이 혼자 뒹굴며 쌓아올린
모래 젖무덤
바람이 몸부림치며 쉬었다 간 길

아~ 아~ 아~
목 터지게 누군가를 부르다
돌아온 숨소리에 나를 업고
밤이면 주먹별이 쏟아지는 곳에

나는 마침내, 나를 버린다

누님의 가을

여름이 비대한 몸으로 돌아서는데
뜨락에 가을은 먼저 와있었네

언젠가는 만나게 되겠지
손꼽아 쳐다보며
눈으로 키워온
아름드리 나무 가지마다

대추 익는 소리
누님이 만들던 무장아찌
입 안 가득 군침이 도는데

가을처럼 익지 않았어도
더는 떫지 않은 내 이 마음
누님, 돌아와 주오
무서리 그대 발등을 적시기 전에

낮잠

시작을 하기엔 너무 늦어버린
하품을 하기조차 힘든
조였던 단추들이 제 맘대로
빠져나간 느슨한 오후

흐르던 음악이 멎고
체념으로 실신한 본능 속에서
감미로운 주검을 맛보는
한순간의 여행

나비가 되고 공주도 되니
왕자를 만나는 것 어찌 이리 쉽나
나의 시계는 멈추고
해가 기울기엔 아직 멀어
분홍빛 잠, 빠져들어 간들
나쁠 것 없지 않은가

멀어져가는 꿈속에서 행여
다신 만날 수 없는 나의 왕자

떨어지지 않는 발걸음
저녁 종소리에 젖고 있네

날마다 버린다

애원하는 그들 모른 척
쓰레기 봉지 끈을 힘껏 맨다
바스락대며 아우성치는 그 울음
귀 기울일 시간은 없다

비닐봉지 속 남아 있는 어제의 삶
이 아침에 생각할 시간은 없다
먹어버린 통조림통을 밟으며
연민한다

바람이 새 잎새를 몰고 오는
가슴 떨리는 아침
놓친 삶을 어찌 주어 담으랴
갈 것이 다 간 뒤에 올 것은 온다고
중얼거리며

첫 기차를 타고 오늘을 달린다
불시착으로 낯선 곳에 내린다 해도

다 버려야한다
다 잊어야한다

제2부

꽃 한 송이

아침에 나와 보니
꽃 한 송이 툭 떨어져 있다
내 마음도 한 조각 툭 떨어진다

내게 와서 꽃이 되려고
꽃대 밀어 올리며 물 달라 보채었던
긴긴 날들은 얼마나 아팠을까
간밤은 또 얼마나 길었을까

쏟아지는 저 찬란한 햇볕 속에
무슨 말 남겼는지, 입이 없는 너
눈물만 뿌렸을까
지금은 차디찬 고요 속에 엎드렸네

죽는 날을 알면서 나를 위해
온몸으로 피었던 너
한순간을 피고 그토록
전 생애를 살았다고

가버리는 너

다신 사랑하지 않으리
다신 사랑할 수 없으리

겨울 정원

자지러진 풀벌레 울음 그친
아침 정원은 고즈넉하다
서로 바라보는 수척한 나무들

그 침묵 내게 말을 걸어와
간밤의 남루한 생각들을
밟으며 지워준다

스치는 바람에, 가지마다
꽃 봉우리 우르르 터지고
뾰족뾰족 연한 이파리
다투어 봄을 물어 나르는데
무슨 꽃이 나를 위해 먼저 필지
그런 건 대단치 않아

간밤에 가버렸던 비애들
끝내 내 발목을 잡는데
푸드덕 새 등에 업혀

날려 보낼 수 있다면

백목련이 밥 달라고 어느새
입을 벌리고 있네
나, 서둘러 신발 끈을 다시 매고
호미를 드네

가을 숲

꽃자리 사라지고
새떼들의 울음마저 멈춘
누군가 불 지르고 가버린 난장판
골짝마다 빨강, 주황, 노랑이
서로 이야기하며 타오르는 빛의 향연

저 멀리
금빛 반짝이던 포플러 잎새 간 곳 없고
바람은 휘어진 나무 허리만 붙들고
헐렁한 바짓가랑이로 빠져 나간다

숲이여
아름다웠던 지난날들 그냥 보내자
태워도 타지 않으면 그리워하자
새떼들도 울고 가면서 날아오고
가버린 것들 다시 온다는데

숲이여
빨갛게, 노랗게 타버리자

가을 마음

갈피를 못 잡고 떠도는
하늘도
이때 만은 어쩔 수 없다

티 한 점 없는 푸르른
가을의 마음은
부끄러움 없는 초월이다

마음을 열고
아무 말도 하지 말고
흐르자고 한다

지는 잎의 떨림
서리의 노여움 가득 찬 들녘으로
잊힌 이름을 부르며

그는 내게
울음을 터뜨리게 하고
쪽빛으로 조용히 흐르고 있다

한순간

흰 커튼만이 얼굴을 어루만지고
흰 가운들 찬바람을 내며 날 달랜다

팔딱이는 심장을 끌고 가는 시계
재깍재깍 분침, 초침
손을 휘저어도 잡히지 않는 방
고요 속에 들려오는 신음소리

쿵! 한순간에 날 쓰러뜨렸지
그 헐어빠진 의자가
6개월서 1년, 쑥덕거리는
의사들 말 미워 죽겠네, 어찌하랴
한순간과 바꾼 고통

해질녘 눈 감고 창문에 기대어본다
떠오르는 것들
그날 저녁 길에서 만나지 않았던들
아픈 상처 밀려오지 않았을 것을

그것이 진실이었던들
한순간의 일

살면서 가야할 어쩌지 못할
수 갈래 길

파피꽃

바람이 스치는
해질녘엔 입을 오므리다
밤 새워 기다림 터뜨리는 아침

물 한 모금 마시지 않은 채
물기 가득한 꽃이여
바람이 스칠 때마다
물결치는 주황빛 융단
나와 함께 누웠던 그이
어디 갔을까

사람과 사람들 사이로
이맘때면 와서 내 가슴 물들여 놓고
하늘거리는 꽃잎 흰 구름을 부르고

다칠세라 바람도 피해가는
그대, 나의 눈시울 적셔놓고
영영 가버리는 5월

지는 해를 바라보며

흐르는 강물에 삶을 맡겼다
사철주야 흐르는 소리 없는 물살
저는 그쪽 나는 이쪽으로 가고 싶어
그렇게 흘러가고 말았네

물살이 기슭에 걸려 아파했을 때
폭풍에 시달리며 빗물방울을 삼킬 때
삶은 멈추고 쓰러졌단 다시 일어났지만
나는 수평선 저쪽으로 나가야만 했다

수평선은 끊어졌다 이어지며 멀어져가고
시간은 토막 난 닻줄이 되어
돌아오지 않았다

바람에게 물었다
너덜너덜한 그 시간을 꿰매어 줄 수 없냐고
바람은 파도를 몰고 와
끝내 나의 삶을 삼켜버렸다

나는 이제 없다 아무 것도 아니다, 아니
생각하니 아무 것도 아닌 것만은 아닌 것은
물 위에 떠오르는 어떤 얼굴
그것을 찾아야 한다

강물은 조용히 흘러만 갔다
지는 해가 강물을 붉게 물들여 주었다

잃어버린 시간

그 앞에 서면 시작되는, 하루의 행복
열기만 하면 날 반기니 잃을 것 없다

왜 열었는지 주춤하고 왔다간 다시 가고
안 가면 몸살 나니 사랑이라도 하고 있나
밤엔 혼자 붕붕거리는 너를

문 열자 산더미로 쌓인 빵들 우르르 쏟아진다
다 언제 먹을 건가, 한 조각 구어 곁들인
계란 프라이는 즐거운 나의 아침이었던

어느 날, 깜작 놀랐다
냉장고 속 온데간데 없어진 빵들
한 조각에 매달렸던 수많은 날들
빵보다 더 많이 먹었던 시간들
문 열 때마다 사라진 마음
내 생이 그렇게 가는 것을 알고 난 뒤

더 이상 나는 문을 열 수 없었네

외등

길 가던 한 사나이
전봇대에 기대어 담배를 물고 있다
전봇대는 피어오르는 연기보다 더 따듯하다
상처에 멍든 눈이, 떠나간 배를
배웅하는 듯한 쓸쓸한 사나이 모습
그토록 몸부림 쳤던 삶은
꿈으로 남고 사랑마저 가버렸다고

이룰 수 없는 그런 꿈이었을까

긴 밤 그림자는 꿈을 싣고
어느 해안에 머물고
출렁이는 푸른 파도가
아려오는 전생을 씻어 준다고
그 사나이 독백을
외등이 밤새 지키고 있다

오지 않는 언어

자꾸만 뒤돌아본다
왜 아무 말도 들리질 않을까
우린 바라보는 일만 남은 것일까
동백꽃 떨어진 뒤 장미 만발한 꽃밭에
장대비가 가슴을 때리는데
코스모스 길 자꾸만 나를 떠미는데

침묵이 내게 주는 언어라면
언어의 고향은 침묵일까
그 고향에 가면 간절한 마음
듣고 싶은 말들 있을까

그대 침묵이 아직 나를
동여매고 있다 한들, 조금도
서두르지 않아도 된다 한들
나는 지금 여름 장대비 속에
같이 비를 맞고 싶을 뿐

그대 한마디로 나를 달랠 수 없음을
나는 안다

여름을 자른다

여름은 빨래 방망이로 두드려
꼭 짜서 줄에 널어 말려야 한다
펄럭거리는 흰 광목 이불보, 인조 치마가
땀을 닦아주곤 한다

밭에선
줄기사슬에 묶여 초록 이슬에 몸 불리던
수박이 붉은 심장을 안고 굴러온다

이젠 준비가 되었다
내려치는 칼날이 그들의 웃음이 되는
그날 생애가 끝나는 날
무더운 여름은 행복하다고

늦게 알게 된 사랑이
온통 까만 씨로 여물어
더 달고 더 행복했다고
그들은 말하고는 있지만

샤갈의 마을

밤기차를 타고 가는 샤갈의 마을엔
흰 눈이 조용조용 내리고
그 속에 청보라 색 꽃들 숨이 막힌다

산양들의 고향 그리는 울음
밭 일구던 여인들 호미 내던지고
동물들 얼싸안고 두둥실 춤을 추는

어제도 오늘도 잊어버린 마을
사랑, 미움 없는 것 없이
꿈만 먹고 산다

꽃밭에 주저앉아 눈 감으면
뼈 마디마디에
영혼으로 다가가는 환희

기차가 울어대며 날 기다리고
있는 것도 벌써 잊었다

복사꽃만이

늘 목이 말랐다, 큰맘 먹고 훌쩍
옛 풍경 속으로 날아갔다
고향 하늘 싸늘한데
봄바람은 달콤한 그리움이었다

광화문 네거리 카페에서
낡은 수첩을 뒤적이는데
창밖의 흩날리는 눈발이
날 울먹인다

헤어질 때면 잡은 손 놓지 못해
외치는 목소리, 기적이
잔인하게 삼켜버렸던
그 기차역은 저만치서
사라지는 노인이 되어
쪼그리고 앉아있다

정오를 알리는 성당 종소리
여전하였다

흰 눈 속 복사꽃만이 여전하였다

원색 넥타이에 묵직한 가방
잘난 척, 배 나온 친구들
더는 묻고 싶지 않았다
우리가 택한 길

눈물 구름 속에 뿌린 채
되돌아온 먼 고향 길

두 번 산다

새까맣게 탔구나
먼 길 오느라
수척했구나

햇빛에 눈물 말리느라고

이끼 속 습한 땅을 기며
잎사귀 도르르 말다 펴다
청청했던 모습 온데간데 없고
장터 한구석에 앉아
아낙의 장바구니를 바라보는
너는 마른 고사리

어느 입덧을 하는 여인
부엌에서 도라지 볶는 까닭은
너와 식탁을 꾸미려 하는 걸까
냄비 속에 들썩들썩
고사리는 몸을 불린다

이 길만이 다시 살 수 있는 길
그 여인을 위해 한 번 더 살고
한 번 더 행복한
젖은 고사리

버려진 꽃잎

크리스마스 지나 새해가 오기 전
길가에 상처 입은 붉은 포인세티아

선홍빛 꽃잎 옆에서
자기들 사랑을 고백하던 이들
용서를 빌며 행복을 열광하던 이들
지금은 어디 있을까
포인세티아와 함께 길에 누어있을까

12월이 저무는 건 잠깐이네
무언지 모르는 채 앞만 보고 가고 있네
싸늘한 얼굴로

제3부

독거

넌 저기서 난 여기서
바라보는 것이 다였네
우리가 볼 수 있는 곳으로
매일 너를 향해 간다
어느새 지나친 것도 모르고

봄비에 젖으며 와락 터져 나온 꽃들
내게는 오지 않는 향기
나무 잎새들도 나를 외면하며
흔들리고 있구나
내 것이었던 산과 바다, 이젠
너무 멀어져 가고, 갇혀있는
한 뼘 땅엔 햇빛만 쏟아지는구나

멈춘 시간 속에 아득히
널 가슴에 안고 손만 닦고 있는 나
비웃어버리던 일상들

그곳엔 자유, 사랑과 친구가

있었던 행복을 왜 몰랐던가
4월의 코비드19가 알려주고 있다

그 몹쓸 불청객이

도서관에 간다

다들 어디론가 급히 떠난다
마지막 가랑잎은 도토리 열매를 굴리고
새들은 노래를 그쳤다
우편함도 텅 비었다

나도 도서관에 간다
없는 것 없는 도서관으로 간다
목말라 고개 떨군 사람들을 비집고
굳이 셰익스피어를 고를 필요 있을까
숨 가쁘게 장을 넘기며 닥쳐올 꿈이라도 있을까
첫 장의 가슴 두근두근, 마지막 장은 멍하다
문학의 숲속을 걸어 나오는 페이지 페이지에선
나 진정 나였나, 만나기도 하지만
밑줄 그으며 하품만 하는 자
끝까지 읽지 못한 사랑 이야기들, 책들은
그들 위해 어쩌지 못하고

돌아오는 길에 생각해 본다
그 페이지엔 없는 것 많고, 삶은

우릴 날마다 칼로 베며 이래라 저래라
우물 속에 처넣기도 하고
목을 끌며 저만치 도망쳐 간다

흰 눈이 비틀거리며 흩날린다
이럴 땐 누군가를
사랑해 보는 것 어떠냐고

너를 떠나보내고

너를 만난 그날처럼
벚꽃이 흰 눈처럼 날리던
그날처럼 나 행복해지고 싶다

여름 숲속 길 거닐다 소낙비에 흠뻑 젖어
내 품에 기대어 고개 숙일 그때처럼
가슴 떨리는 황홀에 잠기고 싶다

가을 단풍잎 바람에 지고
넓은 들 논둑길 걸어갈 때
외롭게 서있는 허수아비 보고
가슴 아파하던 너의 고운 마음
아직도 내 가슴 깊이 새겨져 있다

첫눈 내리는 겨울
병실에서 내 손 꼭 잡고 눈물 흘리며
미안해요 미안해요 목메인 소리
내 맘 갈가리 찢어지던 아픔

떠나가는 네 뒷모습 속에서
사랑의 아픔 처음 느꼈네

내 행복도 함께 떠나버렸네

기억에서 멀리

어스름 저녁, 맨발로
열무 밭에 뛰어든다
가슴보다 따스한 흙
헛딛는 발가락에 채인 줄기 따라가니
흙 속 한바탕의 잔치, 비밀한 수음으로
다산을 즐기는 알감자
부둥켜 앉은 어둠 속은 더없이
아늑하고 뜨겁다고

밭고랑을 돌고 있는 못물은
돌고 돌아갔던 길로 다시 온다
기다리는 사람 있는지 물소리 야위어 가고
못물에 비추는 달빛 속 얼굴도 창백하다

대낮에 꽃밭으로 가 꽃으로 살까, 아니
밤의 애타는 갈대 울음 속에 살까
노랑이 지쳐서 하얀 국화 옆에 살자
아니, 아니 막차를 타자

폐허가 혼자 몸부림치는
구름 한 조각 무심히 흘러가는

기억에서 멀리 더 멀리 있는 곳

그것은 사랑이었다

아직은 슬퍼하지 말자
그리워하지도 말자
남은 잎새들 바람에 붙들려
앙상한 가지 끝에서 몸부림치고
나를 향한 그대 발자국 소리
가까이 있으니

회색 하늘 조용히 내려앉는 강가
그대 건너편에 무심히 서있어
파르르 떨리는 슬픔, 이 슬픔을 알고 있는지
못다 한 말들 강물에 젖어 흐르고
마지막 흩날리는 꽃잎들 아름답구나
젖은 눈시울 속에 방울방울 반짝이는 이슬

온몸에 화살을 맞고 시간마다
질식했던 내 영혼
나를 이긴 것은 사랑이었다고
서로 바라보던 동안이 너무 길었다고

어디선가 머뭇거리는 그대 발자국 소리 있어
아직은 눈물 흘리지 않겠네
강 저편, 그대 거기 있으니 기다리겠네

다시는 떠나지 말자 그대여~

겨울나무

폭풍에 시달리던 나뭇가지
어느새 몸통은 굵어
숲이 되었구나
비바람 눈보라 삼키며
강물 따라 세월을 만들었구나

갈증에 시달리는 나의 삶
목 축이고 싶다
푸른 수액은 수직으로 내려
젖은 내 가슴이 너를 안는다

너는 숲에 사는 아버지
바람이 스칠 때마다 보았다
시린 어깨 비비며
겨울을 견디는 고독

침묵하는 널 안아주어
너의 봄이 되고 싶다

가지치기

희망을 품어보는 새해
밀려오는 1월의 봄빛이
반짝이고 있다

지난해 욕망의 찌꺼기들
아직도 엉겅퀴처럼 자라고 있어
미운 가시로 날 찌른다

정류장 모퉁이 화단에
민트, 풀뿌리들 하얗게 이를 내밀고
해마다 굵어지는 장미꽃대
싹둑싹둑, 탁 탁 가위질하는
늙은 정원사 굽은 등 위에
봄의 아지랑이가 싱그럽다

제 몸을 잘라 달라는 장미의 아우성
가슴속 아픔들이 기지개를 펴는데
묵은 가지 잘라내니
봄빛이 거기 스며드는

정월의 새 마음

가을 편지

바람 소리 없는 작은 오두막집
여기도 가을은 찾아오고
단풍 구경 간다고 자기네들도
옷을 갈아입으며 떠들썩합니다

그곳에도 꼭 같은 단풍이
당신 맘을 물들이는
이 시간
아침마다 편지를 우편함에 넣으며
행여 당신이 머무는 산간지대
눈 소식을 구석구석 찾아봅니다

편지통이 가을볕에
막 구어진 빵처럼 부풀어
쌓인 봉투를 토해내곤 하는데

구름은 눈치없이 오가고
강물은 내 맘 속으로 속으로만 흐른다
펑펑 울다가 손에 쥔 기차표 한 장

단풍 되어 타고 있는데

가을은 벌써 지고 있습니다

5초

시계가 무거운 삶을 지고
쉬지 않고 갔던 길로 다시 오고
다시 외길을 간다
웃음과 비애를 분침, 초침으로 풀어가며

5초의 생각은 산으로 들로
꽃을 피우면서 헤맨다
내 마음 훔쳐간 후 길을 잃었을 땐
그이 손목시계에 앉는다

달리는 초침이 내 목을 조여도
매달리지 않으면 미로에 선다
시간 속에 매달리는 나와 너의 가슴
5초 때문에 놓쳐버린 막차

지금도 그 황량한 벌판엔
눈이 내리고 있을까
아직도 서성이고 있을까

손목시계 보고 있는 그리운 이여
시계가 멈추어 있기를 바라는
이 마음이여

5월의 폭설

당신을 알기 전에는 이러지 않았습니다
절보고 어쩌란 말입니까
오라 하시기에 다가갔고
가슴 떨리기에 사랑했을 뿐
숨어있는 아픔, 눈물도
그마저 사랑했습니다
잎새 옆에 꽃잎이었고
함께 떨어지자 다짐했습니다
당신은 흰 눈이 되어, 지금
내 어깨에 녹아내리고
가슴을 파고듭니다
잎새도 꽃잎도 반만 자라다 멈추고
사랑도 미움도 폭설에 갇히었습니다
무너지는 우리 사이
차 한 잔 놓고 마주할 수 있다면
이 눈마저 녹으면……
하늘은 푸르다 회색이다 지금은 검은 밤
5월 꽃무늬 원피스 다시 접어 치워놓고
대체 절보고 어쩌란 말입니까

산사로 가는 길

쏟아지는 햇살을 업고
휜 꼬불길 따라 걷는
산사는 아직 멀다

얼룩진 풍상의 무늬
내 영혼보다 먼저 왔다
멎어버린 숨결이
수많은 나이테로 남아있네

산새소리 좋아
구름은 떠나지 않고
맨드라미 여름이 좋아
제 몸 태우고 있다

이른 아침 목욕재계하시고
내 손 붙들고 걸었던 어머니
흰 모시 옷소매에 손 베이며
따라 걷던 이 길

눈물방울 밟으며 그녀와 같이
혼자 걷는 길

파피꽃처럼 터져 나와

캄캄한 입속에서 산다
망설이다 나오지 못한 말들
검은 숲속에 겹겹이 살다가
종달새 노래로 그의 마음 간질이다가
이따금 열기로 터져 나와
비수로 꽂혀 상처를 새겨준다

밤길을 걸으며 찬찬히 생각하니
아무 것도 아닌 것을

대답 없는 이에게 하고 싶은 말들이
잎이 돋고 꽃이 피다
시들은 사연들 목젖을 넘어 간다

입안 저~속에서만 산다
하고 싶은 말들, 봄이 찾아와
언젠가 파피꽃처럼 터져 나와

내가 알 수 없는 것들

봄비로 촉촉이 적셔주는

알 수 없구나 그 날이

코스모스

기차소리가 좋아
벌판의 외딴집 뒷마당에 피어 있나보다
너는 숨차게 달려오는 기적의 울음
기다리다가 긴 목이 됐나보다
밤이면 하늘에 올라가 별을 따오려고
그렇게 키가 컸나보다
네 몸에 두른 분홍치마
너는 어느새 여인이어라

창가의 시간들

마음도 내 마음이 아닐 때
창가로 오라고 손짓하네

동백의 붉은 피가 거기 있었네
목련이 다시 온다며 가버린 뒤에
해바라기 노란 웃음 뚜벅뚜벅 걸어 들어오고
솔바람 종일 푸르게 스쳐간 저녁
노을은 풀어지며 붉은 사랑으로 타네

봄 가을 흔들리며 머무는 곳
흰 눈이 쌓일 땐 기다리다 지치며 해가 지는 곳
읽던 책장 덮으며 행복에 대해 생각해보는
결코 고독이 더는 머무를 수 없는

네모진 창가

이사를 하면서

월부로 장만하여 닦으며 아끼던
은쟁반이 세월을 뒤집어쓰고
날 빤히 본다, 제 할일이 무어냐고

가난한 하루하루를 사는 내가
누굴 초대할 수 있었으리, 은쟁반을
왜 누구들 앞에서만 보이고 싶어 했으리

새우튀김 연어구이 하얀 접시에
과일 곁들여 담아 내놓을 때
나의 거만한 모습 보여주고 싶었던 것을

뽀얗게 빛나는 은쟁반보다
부풀어 오르는 오만한 자존심은
닦아도 닦아도 빛나질 않네

두고 온 은쟁반
오늘도 혼자서 녹슬고 있겠지

두고 온 재봉틀도 있지만
두고 온 새 구두도 있지만

잊지 못할 은빛 쟁반

어떤 사랑

당신을 사랑하지 않은
어떤 순간이 있었으리
오늘은 안 된다고 고개 저어보지만

그대가 바람으로 불어와
내 맘 꽃잎으로 물들여
내 영혼까지 비추던 날들

지금
떠나는 당신 그림자
그것도 행여 다칠세라
빈들에 사라지는
노을에 기대어

풀꽃 향기 맡으며 눈을 감는다
오늘 만은 아니라고
외쳐 봤지만

사라지지 않는 섬

초록이 햇볕에 갈색 자서전을 쓰니
갈색 옷 입은 잎새 하나 떨어진다
자기의 죽는 시간을 알고 있는 듯
노을이 피 빛으로 바다에 안길 때
눈물로 출렁이는 것은
죽음을 말하고 있는 것 일까

지구의 등 뒤로 모든 것은 사라져
나도 오늘 속에 묻혀간다
바람이 날 떠밀 때마다 철새 등에 업혀
저 섬을 향한 항해로 해가 지쳐 기울 때
사라져가는 섬 옆엔 또 다른 섬이
섬은 바다를 삼키고 안개를 몰아 올뿐

결코, 떠나지도 사라지지도 않고
섬은 섬을 낳고 기르며
파도 속에서 조용히 늙어간다

제4부

사과밭에 앉아

모르고 있었다 사과속의 한 가족
아이는 까만 윗니가 둘
엄마는 둥근 치마폭 두르고, 할머니의 껍질로
가족이 부둥켜 앉고 있는 것을

엄마의 사랑은 달콤한 즙으로
참을 길 없이 빠알간 빛으로 물드는 날
떼굴떼굴 굴러 누구 손 안에서
세상 보는 꿈을 이룬다

사과즙 혀끝에 감길 때 달콤한 초록 향기
아차, 새들은 할머니의 껍질만 쪼는데
흠집이 더 잘 익은 것일까
숙련되어 더 단맛을 내는 것일까

사과는 세상이 부끄러워 참다가
이토록 붉어지는 것일까
한 광주리 듬뿍 쌓인 사과가
그들의 온 생애

새들이 먼저 쪼아 먹은 붉은 생애를
나는 천천히 음미한다

비에 젖는 수채화

빗속으로 바람 타고 왔는가
잊힌 사람

수 백 마디 말을 엮어서
가슴에 그리고 또 그려
덧칠하며 채색한 것은
그리움뿐이 아니었네
내 울음을 달래는 색깔인 듯

섭섭히 뒤돌아서며 발길 떼지 못하는
사랑은
붉게 타다가 사라졌다가
비 오는 날에 다시 온다

밥상 차리는 여자

밥상만 차리는 여자
겨울밤 길에서 기다리던 그 여자
추웠지 물을 때 아무렇지 않게 웃어주던

그 얼굴에 늘어가는 주름이
나를 아프게 한다
싫어도 먹어야 하는 고봉으로 담은 밥
얹어지는 생선구이를 삼킬 때
더 큰 사랑 어찌 바랄 수 있었으리

어머니 나이 되어 밥상을 차릴 때면
자꾸만 그녀를 불러야만 했다
양념은 이만큼, 채소는 이렇게 삶아 무치고
한없이 물어야 겨우 반찬이 되고

아~ 죄송해요
나는 당신을 닮아 잘 만들 수 있어요
아~ 그리운 어머니~

바람은 혼자 산다

나는 산등성이 바람
밤을 홀로 지새우다
낮엔 억새꽃을 키우며 산다
산을 가르고 구름을 불러
그늘을 만들며 새들을 부른다

내 재채기 한번이면 잔돌멩이들
사천 피트 아래로 흩어지는데
다시 뭉쳐 큰 바위 되었네
때로 시달리는 내 현기증
붙들어 줄 이 아무도 없네
그 바위에 기댈 수밖엔 없었던 나

도시에 가면
가로수 사이 휘파람 불며
싱그러운 꽃을 피웠지
인간들의 삶을 늘 달래주었지
팜트리 꼭대기에선 그네를 탔지

산에서 산다
방랑이 지쳐서 돌아오는 곳
나를 사랑할 수 있는 곳

나직이 내려오는 별빛을
기다리는 밤
새벽에 떠났다가
다시 내게 오는 별

밀물 썰물

바다는 그녀를 부른다
어부의 노래 퍼지는 어망 속
팔딱이는 은빛 고기떼가 달빛에 젖는
멀고 먼 밤바다

온종일 제 몸 때리는 파도는
밀물 되어 돌아오는데
못 본 체 쏴 ~
빠져나가는 우리들 사연
파도를 닮아 거품처럼
끊임없이 부서질 뿐이라고
그 여자는 말했다

처얼썩, 쏴 ~ ~ 처얼썩, 쏴 ~ ~
구멍 뚫린 가슴에 못 다한 이야기
파도 물에 흥건히 젖은 채
그녀는 온 밤을 지새운다

몸살

꽃망울 터지는 소리에 새벽잠을 깬다
안개를 밀치며 햇살이 마을로 내려오니
어쩔 줄 몰라 하는 바람

산을 넘고 넘어 헐떡거리며
실개천에 연두 빛 물감 풀면서
걸어오는 새아씨

마루 끝엔 고양이 하품을 하고
밥 짓는 굴뚝 연기도 졸리다고
나는 누어서 몸살을 앓는다

밥 짓던 계집아이
봉긋한 가슴 만지며
사립문 밖 내다보는데
개 짖는 소리
누구의 발걸음 인가

봄인가

다불류 닷컴의 통증

손끝에서 맴돌며 때 묻은 기억들
파도로 밀려간 뒤에 남는 이름들
다불류 닷컴에 줄을 선다

따르릉 "여보세요" 대답하는 낭랑한 목소리
달콤하고 슬프게 했던 이야기로
밤이 너무 짧았었던 때

닷컴이 사는 스크린의 문자는 일방통행
귀찮을 땐 삭제로 입을 봉하는 딜릿 또 딜릿
클릭클릭, 닷닷, 그 속수무책이여

너덜너덜한 수첩, 수없이 바뀐 번호에
지우고 또 지워 낡아서 그리워지는 작은 수첩
버릴 때가 됐나 보다, 그렇지
이젠

막막한 밤

잃어버린 시간을 더듬으며
희망이란 새벽을 기다리는 것
왜 이리 막막할까

일렁이는 내 그림자를 핥던
벽난로에 마지막 불꽃도
가버렸다

희망이란
잃어버린 솜털, 민들레 홀씨
훅 불면 날아갔다 또 다시 바람 타고 와
내 목젖을 간질이는
어두운 밤에도 혼자 영그는

새벽의 여명 같은 것
만져지지 않는 찰나의
영롱한 빛

내가 버린 작은 것

휘어진 골목길 돌아가면
어느새 산등성이에 이르러
걸으며 밟았던 언덕 밑에 풀꽃들
가슴 풀어헤쳐 봄 나부끼며
풀잎 향기를 보낸다

사랑을 말할 줄 몰라 조금은 아팠을
사랑을 몰라 아플 줄도 몰랐을
너무 작아 밟아버린 풀꽃
그 이름 불러보면 지금 내 곁에 있을까

봄눈 우산 속에서 같이 걸어주던
그이도 사랑을 말할 줄 몰랐을까

잊은 줄 알았는데 안절부절
산등성이에 이르면
풀꽃 뒤에 숨은
누구라도 나올 것 같다

나무로 서면

숲을 찾는다
절망이 날 가로막고
굴러가던 삶속에 존재가 흔들리면

부러진 팔뚝으로 겨울을 안고
봄을 바라보는 네게 기대고 싶다
뼈 속으로 추위 밀어 넣으며
입 앙다물고 서로 나무들과 나누는
슬픈 비밀 알 수 없지만
그냥 너에게 기대어 잠들고 싶다

내 속에 진정 내가 무엇인지 모를 때
너를 찾는다
헤매다 상처 나무 가지에 걸어놓고
돌아서는 쓸쓸한 절망

석양에 침몰된 숲 속에
한 그루 나무로 서면
때론 나의 절망도

황홀하기만 하다

그는 누구인지

지축을 흔드는 숨소리
대지를 품었던 뜨거운 가슴
잠든 자의 살갗을 찢고 피를 돌게하는
그는 누구인지, 어디서 오는지
흙냄새 물결치는 들판에
먼 길 쉬엄쉬엄 걸어오는 그
내 가슴에 보라색 꿈 덧칠하여
두근거리게 하곤 떠나는 자
그를 보낸 뒤 나는 허우적거리다
기절하고 말았네
한참 기절할 수밖엔 없었네
봄의 꽃바다
그 찬란함

국화

허전한 가을바람에
국화 한 다발 병에 꽂으며
그 단아한 모습에
나도 옷깃을 여민다

온갖 풍상 다 겪고
천천히 와서 내 앞에
있는 너의 고고함
너, 가을의 귀부인처럼

찬 서리에 젖은 꽃잎
갈피마다 품은 사연 속에
끝내 못 다한 말들
지친 노~란 얼굴이
기어이 날 쓰러뜨린다

창밖은 싸늘한 겨울바람
싸리울 넘나드는데
너의 기다림은 간절하고

아득하여 머나먼 곳에

아~
너 혼자만의 가을이구나

곧 갈게

진동하는 기적소리 아직도 귓전에
검은 연기 속으로 놓아버린 그 손

눈발 휘몰아치던 청량리역 겨울밤은
매달리는 손들의 아비규환
터질듯 부풀은 마지막 군용 열차가
남행을 서둘렀다
1.4 후퇴

중앙선 터널을 통과할 때마다
기차는 졸며 가다가 섰다가 다시 뒷걸음칠 때
어느새 벌판엔 함박눈이 내리고
기착지 시간은 아무도 모른다

흰 눈으로 세수를 하고 갈증을 추기며
즐겁던 밤기차는 나의 첫 여행이었다

드디어 울기 시작했다
아버지가 삼남매를 차에 밀어 넣고

곧 갈게, 손 흔들던 모습

그는, 모든 것을 우리에게 내어주고
늘 뒤에 서 계셨다
그는, 삶이 하나도 힘겹지 않은 듯
미소만 보이셨다
날 새면 바라보는 눈부신 태양처럼
쏟아지는 그의 사랑이
내겐 우주였음을
그가 끝내 돌아오지 않을 것을
왜 그땐 몰랐을까

겨울 숲

비오면 강물을 삼켰다
눈이 올 땐 먼 산 바라보다
폭풍에 찢겼던 가지들
숲이 되어 세월을 만들었다

내 안엔 내가 너무 많아
누가 나인지, 상처와
후회가 숲을 이뤄 나무에 기대면
발끝으로 내려오는 수액

바람이 기우뚱대며
나무를 흔드는 겨울
무수한 아버지들 거기 서서
푸른 수맥으로 서로를 동여맨다

삶이 무거워도 울음 보이지 않는
당신의 어깨에 내 상처를 얹으면
봄새들의 지저귐 들려온다

숲으로 오라

아버지의 시린 어깨가 있는
어둡지만 아늑한 숲으로

- **발문**

권영희 시집을 읽고 ‖ **최선호**(문학평론가, 목사)

- **작품 해설**

그리움이라는 인간의 조건 ‖ **이형권**(문학평론가, 충남대 교수)

■ 발문

권영희 시집을 읽고

최선호(문학평론가, 목사)

　한 편의 시를 읽고 그 시에 담겨 있는 정서와 의미를 온전히 파악하기란 그리 쉬운 일은 아니다. 사람을 사귀면서 그 사람에 대한 충분한 이해를 갖는 일도 더욱 예사롭지 않음을 알게 된다. 필자가 권 시인을 안 때는 시인교실에 출강할 무렵이다.

　수강회원 각자의 작품에 대한 감상, 대화로 공부를 할때 권 시인은 항상 겸손하게 자신의 시를 거의 내보이지 않아 시인의 시력이나 시세계를 파악하기 여의치 않았다.

　시인교실을 운영하는 중책을 맡은 분이기에 그럴 수

있다는 생각을 가졌었다. 하지만 스스로 노력하고 글쓰기에 정진해 온 분임을 이번에 알 수가 있어 너무 기뻤다. 문학은 남이 해주는 행위는 결코 아니다. 자기 스스로 필사의 노력을 동반해야 한다. 권 시인은 바로 이런 시인이다. 무척 고마운 생각이 앞질러 기뻤다.

어느 날, 60여 편의 시를 필자에게 보내며 시집출간을 알려왔다. 이처럼 시를 쓰면서 왜 그토록 수줍어했을까.

어떤 시를 썼는지 몹시 궁금하던 차에 시를 차근차근 감상하면서 마음에 드는 시를 여러 편 발견하여 매우 기뻤다.

오스트리아의 시인이자 작가인 라이너 마리아 릴케는 20세기 최고의 독일어권 시인으로서 '가능한 한 시에 대한 해설은 하지 않는 게 좋다. 독자가 읽어서 느낀 그대로가 시에 대한 가장 좋은 감상'이라고 했다. 이 말은 릴케의 〈문학을 지망하는 청년에게〉 라는 저서 서간체에 있는 글이다. 이런 점을 감안한다면 굳이 시에 대한 평설을 절대시할 필요가 있을까 하는 생각이 든다. 어떻든 출간하는 시집에 붙이는 글이니 시에 대한 이야기를 하지 않을 수도 없지 않은가.

진동하는 기적소리 아직도 귓전에

검은 연기 속으로 놓아버린 그 손

눈발 휘몰아치던 청량리역 겨울밤은
매달리는 손들의 아비규환
터질듯 부풀은 마지막 군용 열차가

남행을 서둘렀다
1.4 후퇴

중앙선 터널을 통과할 때마다
기차는 졸며 가다가 섰다가 다시 뒷걸음칠 때
어느새 벌판엔 함박눈이 내리고
기착지 시간은 아무도 모른다

흰 눈으로 세수를 하고 갈증을 추기며
즐겁던 밤기차는 나의 첫 여행이었다
드디어 울기 시작했다
아버지가 삼남매를 차에 밀어 넣고
곧 갈게, 손 흔들던 모습

그는, 모든 것을 우리에게 내어주고
늘 뒤에 서 계셨다

그는, 삶이 하나도 힘겹지 않은 듯

미소만 보이셨다

날 새면 바라보는 눈부신 태양처럼

쏟아지는 그의 사랑이

내겐 우주였음을

그가 끝내 돌아오지 않을 것을

왜 그땐 몰랐을까

―「곧 갈게」 전문

 이 시는 우리민족이 겪은 1.4 후퇴를 한 눈에 보여준다. 읽어 내리던 글줄에서 어느 순간 우리의 숨을 탁 막히게 한다. 그리고 눈물이 꽉 솟아나게 한다. 왜 그랬을까? 꼭 오셨어야 했을 아버지가 안 오셨기 때문이다. 이 시는 권 시인만의 시가 아니다. 누가 뭐라고 해도 이것은 전쟁의 아픔이다. 이런 아픔을 겪는 우리 민족이 일천만 명이 넘는다고 하니 이산가족의 가슴을 아직도 태우고 있다. 권 시인은 "내겐 우주였음을/그가 끝내 돌아오지 않는 것을/왜 그땐 몰랐을까"하며 70년 가까운 울음을 쏟고 있다.

 다들 어디론가 급히 떠난다

 마지막 가랑잎은 도토리 열매를 굴리고

새들은 노래를 그쳤다
우편함도 텅 비었다

나도 도서관에 간다
없는 것 없는 도서관으로 간다
목말라 고개 떨군 사람들을 비집고
굳이 셰익스피어를 고를 필요 있을까
숨가쁘게 장을 넘기며 닥쳐올 꿈이라도 있을까
첫 장의 가슴 두근두근, 마지막 장은 멍하다
문학의 숲속을 걸어 나오는 페이지 페이지에선
나 진정 나였나, 만나기도 하지만
밑줄 그으며 하품만 하는 자
끝까지 읽지 못한 사랑 이야기들, 책들은
그들 위해 어쩌지 못하고
돌아오는 길에 생각해 본다
그 페이지엔 없는 것 많고, 삶은
우릴 날마다 칼로 베며 이래라 저래라
우물 속에 처넣기도 하고
목을 끌며 저만치 도망쳐 간다

흰 눈이 비틀거리며 흩날린다
이럴 땐 누군가를

사랑해 보는 것 어떠냐고

— 「도서관에 간다」 전문

　권 시인이 찾는 도서관은 시인에게 필요한 책이 꼭 있어야 한다. 꼭 셰익스피어를 고르지 않아도 된다. 권 시인이 발견하고 싶은 자신을 지적해주는 책이면 된다. 그러나 도서관을 나오는 이 시인은 만족치 못하고 있다. "문학의 숲속을 걸어 나오는 페이지 페이지에선/나 진정 나였나, 만나기도 하지만/밑줄 그으며 하품만 하는 자/끝까지 읽지 못한 사랑 이야기들, 책들은/그들 위해 어쩌지 못하고"라 했으니 더욱 그렇다. 문학을 통한 자기발견 보다 기도를 통한 자기발견이 얼마나 더 명징한가? "누구를 사랑해 보는 것은 거의 기도에 가까운 일"이 되기를 바라는 마음이다.

　권영희 시인의 대성을 바라는 마음 간절하다. 이제 첫 시집이니 갈 길이 요원하나 시인의 믿음과 함께 달음질 잘 하시기를 바라는 마음 간절하다.

■ 작품 해설

그리움이라는 인간의 조건

이형권(문학평론가, 충남대 교수)

> 자꾸만 짧아지는 남은 시간/시(詩)로 씨와 날을 촘촘히 짜서/영혼으로 무늬 새기니/마음에 드는 옷 한 벌/그 옷 입고 돌아보니/마름질 잘못한 내 시간/온데 간데 없네
>
> ― 권영희, 「마름질」 중에서

1.

    그리움은 인간의 실존적 조건 가운데 하나이다. 세상에 하염없이 던져진 인간은 언제나 한계 상황에서 살아가는 존재이다. 한계 상황을 극복하기 위한 마음의 에너지는 온전한 존재를 향한 그리움이라고 말할

수 있다. 그리움은 결핍된 것을 충족시키려는 소망이므로, 그리움이 많은 사람은 이상주의자일 가능성이 크다. 이상을 저버리고 현실에 만족하면서 하루하루를 살아가는 사람은 동물적이거나 기계적인 삶을 살아간다고 해도 과언이 아니다. 동물은 그날의 생존을 위한 먹거리만 있으면 만족하고, 기계는 그 자체의 피동적인 작동만으로 존재 가치가 충분하다. 동물과 기계의 처지에서 현실 너머의 세계는 아무런 의미가 없다. 그러나 인간의 인간다운 삶은 비루한 현실 너머의 세계를 향한 꿈을 꾸는 일에서 시작된다. 불완전한 현실을 넘어서기 위한 이와 같은 인간의 꿈으로 세상은 부단히 갱신되고 발전해 왔다. 이상을 향한 꿈은 동서고금을 막론하고 인간의 역사와 문화의 발전을 견인해 온 동력이다. 그 꿈을 정서의 차원에서 보면 그리움이라고 말할 수 있다.

그리움은 인간의 조건이자 시의 조건이다. 시는 현실에서 결핍된 것을 정서적, 상상적으로 채우려는 인간의 마음을 담는 양식이다. 이때 그리움은 단지 헤어진 사람을 향한 파토스만을 의미하지 않는다. 그리움은 유한자인 인간이 상실한 완전한 세계 혹은 진실한 세계에 대한 갈망과 연관되는 것이다. 가령 유년기에 대한 그리움은 나이가 들수록 세속화되어가는 가운데 순수한 세계에 대한 갈망이며, 지나간 사랑에 대한 그리움은 더 온전한 사랑을 향한 갈망과 다르지 않다. 또한 고향에 대한 그리움은 고달픈 타향살이의 서러움을 위무 받고 싶어 하는 마음의 표현이다. 인간은 자신을 둘러싼 세계를 넘어서는 보다 근원적인 것에 대한 그리움을 간직하고 살아가기도 한다. 시인이라면 가장 완전한 시에 대한 갈망이, 철학자라면 삶의 궁극적 이치에 대한 깨달음의 갈망이, 혁명가라면 낡은 세계를 허물고 새로운 세계를 세우기 위한 갈망이, 그리움의 형식으로 나타나기도 한다. 시는 이러한 그리움을 중요한 하나의 존재 조건으로 삼는다.

권영희는 그리움의 시인이다. 이 시집에서 그리움은 인간으로서의 필수불가결한 조건으로 등장한다. 하여 그리움은 소극적이고 피동적인 정서를 넘어서 적극적이고 생산적인 마음의 에너지 역할을 한다. 그것은 두 갈래의 방향성을 갖는데, 하나는 지나간 인생의 시간을 향하고, 다른 하나는 떠나간 사랑의 진실을 향한다. 이들 가운데 시간의 그리움은 인생의 연륜이 더해가는 시기를 맞이한 시인이 지나간 삶을 매개로 오늘의 성찰하는 태도와 관련된다. 또한 사랑의 그리움은 인간이라면 누구나 본성적으로 마음 깊이 간직하고 살아가는 에로스의 욕망과 관련된다. 이들은 각기 단편적으로 나타나기도 하지만 때로는 두 가지가 복합적으로 나타나기도 한다. 이들 외에 가족이나 고향에 대한 그리움도 나타나기도 하지만, 권영희의 시에서는 미주의 다른 한인 시인들의 시에 비해 빈도 높게 나타나지 않는다. 이런 점에서 권영희 시인의 시에 나타나는 그리움은 삶의 현실이나 향수보다는 인간적 실존에서 발원하는 시심의 성격이 더 또렷하다고 말할 수 있다.

2.

시간은 인간을 유한적 존재로 살게 하는 물리적 조건이자 심리적 조건이다. 물리적으로 볼 때 사람은 보통 100년 미만의 시간 속에서 살다가 떠나야 하는 존재이다. 부모의 울타리 속에서 자라나는 유년기나 성장기, 일상의 질서에서 벗어나 삶을 정리하는 노년기를 제외하면 인간이 자신의 의지로 열정적으로 살아갈 수 있는 시간은 더 짧다. 그런데 인간은 물리적 시간만을 살아가는 존재는 아니다. 인간은 시간을 심리적으로 인식하면서 사는 존재이다. 철학자 베르그송(H. Bergson)이 말한 대로, 인간은 물리적인 시간 개념과는 다르게 직관으로 포착되는 내면적 시간을 살아간다. 즉 인간의 시간은 단순한 물리적 차원을 넘어서 자신의 경험이나 생각과 관련된 주관적 순수 지속의 일종이다. 그러한 시간에 바탕을 둔 것이 바로 진정한 자아이고 자유로운 인격이자 생명 그 자체이다. 흘러가는 시간에서 감지하는 상실감은 그러한 생명의 존재감과 관련된다.

영글지 못한 죽은 꿈들
길모퉁이에서
내게 매달려 노을 속으로
사위어 가네

수없이 가슴 조이고, 허물어지고
수없이 해가 뜨고 해 지고
달려간 곳엔
아무것도 없었네

어느 봄날이 지나고
여름 태풍의 아우성이
눈 폭풍을 몰아와
내 뺨을 때릴 때

차가운 낯선 겨울 강에
묵은 상념을 띄우고

또 다른 나 하나 저물어 가네

— 「마지막 달력」 전문

  이 시는 짧지만, 서사적 요소를 함축하고 있다. 아마도 권영희 시인의 자서전이라고 해도 무방할 정도로, 그동안 살아온 온 자신의 생애를 회억하면서 오늘의 상황을 노래하고 있다. 서정시 장르의 특성상 구체적인 서사가 드러나고 있지는 않지만, 시간의 순서에 의해 전개되는 비유적 진술들이 한 생애의 굴곡진 사연을 암시해 준다. 시의 모두에 등장하는 "영글지 못한 죽은 꿈들"은 시인이 지향하고 살아왔으나 성취하지 못한 것들을 지시한다. 그것은 거짓된 세상에서 끝가지 견지하고자 했던 삶의 진실일 수도 있고, 청춘 시절에 이루지 못한 순정한 사랑일 수도 있고, 고달픈 타향살이에서의 평안하고 안정적인 생활을 향한 소망일 수도 있다. 그러나 이러한 것들은 모두 "죽음 꿈들"이 되어 "노을 속으로/ 사위어 가"고 있는 것이 현실이다. "수없이 해가 뜨고 해 지"는 많은 시간을 "수없이 가슴 조이고, 허물어지"면서 그 "꿈들"을 위해 살아왔지만, "죽은 꿈들"만 남아 있다. 현실에서 만나날 수 있는 것은 "눈 폭풍"이 몰아치는 "차가운 낯선 겨울 강"과 같은 시련 속에서 솟아나는 "묵은 상념"뿐이다. 하여 시인은 "또 다른 나 하나/ 저물어 가네"라고 하면서 시간의 흐름 속에서 "꿈들"을 상실한 자신을 성찰하고 있다. 시인은 시의 제목처럼 "마지막 달력"을 바라보면서 시간의 흐름 속에서 잃어버린 "꿈들"을 아쉬워하고 있는 것이다.

이 시집에는 시간을 매개로 한 시적 상상이 빈도 높게 등장하는데, 하루 중에서는 오후나 저녁의 시간, 한 해 가운데서는 연말의 시간이 중심을 이룬다. 가령 "12월 정거장으로 떠났는데/ 그 길목엔 잃어버린 그 얼굴/ 서서 있을까// 들판은 옆에서 옆으로만 달리고/ 기차는 세월만 싣고 달리네"(「문득, 12월 정류장」 부분), "시간은 토막난 닻줄이 되어/ 돌아오지 않았다"(「지는 해를 바라보며」 부분)와 같이, 시간의 흐름 속에서 인생을 성찰하는 것이다. 이러한 성향의 시편들 가운데 인상 깊은 두 편의 시를 살펴본다.

오후 3시
빌딩들은 낮잠에 빠지고
거리엔 햇살이 멈추는 잠시
떡갈나무 잎새 하나
시간에 젖어 혼자 뒹구는

문득, 거기
손님처럼 가을이 서 있다
황홀한 적막

나는 나를 잊어버린 채

―「적막」 부분

자꾸만 짧아지는 남은 시간
시(詩)로 씨와 날을 촘촘히 짜서
영혼으로 무늬 새기니
마음에 드는 옷 한 벌
그 옷 입고 돌아보니
마름질 잘못한 내 시간
온 데 간 데 없네

―「마름질」 부분

앞의 시는 하루의 해가 저물어가는 "오후 3시"의 시간에 펼쳐지는 도시의 풍경을 묘사한다. "빌딩들은 낮잠에 빠지고/ 거리엔 햇살이 멈추는" 풍경을 바라보면서 시인은 "시간에 젖어 혼자 뒹구는" 모습의 "떡갈나무 잎새"에 시선을 준다. 시인은 이 "떡갈나무 잎새"에 자신을 투사하면서 "손님처럼 가을이 서 있다"는 인식에 도달한다. 쓸쓸한 오후의 "거리" 풍경 속에서 시인은 "황홀한 적막"에 빠져드는 것이다. 이처럼 "적막"한 오후 시간이 "황홀한" 것이라고 하는 표현은 하루가 지나가는 시간 속에서 "나를 잊어버린" 상실감에 대한 역설적 인식과 관련된다. 즉 이 역설은 진정한 "나"를 상실한 데서 오는 결핍감을 극복하기 위한 시적 인식 작용이다. 그리고 이 역설의 연원은 진정한 "나"를 찾고자 하는 소망 혹은 그리움으로 보아도 무방하다.

 뒤의 시는 인용의 앞부분에 "연말"이라는 시간이 제시되어 있다. "자꾸만 짧아지는 남은 시간"이라는 시구는 그러한 시간과 관련된다. 시인은 하염없이 흘러가는 시간 속에서 "시(詩)로 씨와 날을 촘촘히 짜서／영혼으로 무늬 새기"면서 살아가고자 했다. 시인은 "시"를 통해 쏜살같이 지나가는 허무한 인생살이를 속에서 불변하는 "영혼"의 가치를 발견하고자 한 것이다. 그러나 "시" 또한 쓰면 쓸수록 더 높은 경지의 시를 추구하기 마련이어서, 인생살이가 그러하듯이 오랜 세월 동안 시를 써보아도 언제나 만족은 없다. 하여 "연말"의 시간을 맞이하여 시인은 "마름질 잘못한 내 시간" 즉 부족하기만 했던 인생과 시를 돌아보는 것이다. 이러한 성찰은 고상한 인생과 완전한 시를 향한 본원적 그리움과 관계 깊다.

이 시집에는 또한 지나간 사랑 혹은 실패한 사랑에 대한 그리움이 자주 등장한다. 모든 사랑은 실패한 사랑이라는 말이 있듯이 완전한 사랑은 인간이 이 세상에서 만날 수 있는 대상이 아니다. 모두가 완전한 사랑을 꿈꾸지만 언제나 그것은 불가능한 일, 그 불가능성은 인간이 불완전한 존재라는 데서 오는 하나의 숙명과도 같은 것이다. 그러나 인간은 그러함에도 불구하고 완전한 사랑에 대한 꿈을 포기하지 않는다. 불가능한 사랑에 대한 부단한 꿈 자체가 이미 인간적인, 너무도 인간적인 사랑이라는 이름을 얻기 때문이다. 시인이 사랑을 노래하는 것은 그러한 꿈을 꾸는 일과 다르지 않다. 이 시집은 진실하고 온전한 사랑을 향한 그리움이 빈도 높게 펼쳐진다.

지금은 흔적 없는
마포행 만원 전차
코와 코가 닿고 부둥켜안아야
한강 모래사장에 겨우 이른다

아마도 그곳엔 내 꿈이 기다릴 거라고
누군가 말해주었다
멀리멀리 가야만 만날 수 있다고

잔물결은 찰싹거리고

부드러운 강바람 나를 흔든다

흰 모래 발가락만 간질이는데

흐르는 별 하나, 내 입술에

화살로 꽂힌다

화살을 쏜 이 누군지 잊어버린 채

이 두근거림은 우주의 소리라고

영혼의 소리라고 가슴에 귀를 대고

뒹구는 두 영혼의 불꽃

숨 죽여 어둠을 뚫고 강을 건넌다

그것이 꿈이었다고

마포는 더 이상 종점이 아니다

—「마포 종점」 전문

이 시는 사랑의 추억을 소환하고 있다. 시간과 자연과 마음과 우주가 조화롭게 배치되면서 아름다운 사랑의 경험을 완성도 높게 형상화하고 있는 시이다. 사랑의 공간은 시의 제목과 같이 "마포 종점"이고, 사랑의 시간은 지나가 버린 과거이다. 이 사랑의 이야기는 아마도 시인이 청춘 시절에 겪었던 경험이거나 그 시절에 간직하고 살았던 소망이라고 여겨진다. 시의 앞부분에서는 시인이 사랑의 약속을 위해 "만원 전차"를 타고 "마포 종점"을 향하고 있는 정황을 노래하고 있다. "만원 전차"에 시달리면서 그곳을 향하는 이유는 "그곳엔 내 꿈이 기다릴 거"라는 사실 때문이다. 시인은 "꿈"같은 사랑을 만나기 위해서는 "멀리 가야만 만날 수 있다"는 사실도 알고 있다. 그곳에 도착하자 "잔물결"과 "부드러운 강바람"과 "흰 모래"의 아름다운 풍경이 펼쳐지고, "흐르는 별 하나, 내 입술에 화살로 꽂히"는 사랑의 에피파니(epiphany)를 경험한다. 사랑의 큐피트는 "뒹구는 두 영혼의 불꽃"을 타오르게 하면서 "우주의 소리"이자 "영혼의 소리"를 들려준다. 그러나 모든 사랑이 그러하듯이 그것은 단지 한 순간의 경험이자 기억의 한 조각이다. 그러함에도 불구하고 이 순간의 경험은 시인에게 진정한 사랑의 존재를 깨닫게 해 주었다는 점에서 매우 소중한 사건이다. 비록 현실에서는 "그것이 꿈이었다고" 해도 그 "꿈"으로 인해 마음속의 사랑은 지속된다. "마포는 더 이상 종점이 아니다"는 결구는 그러한 사랑의 지속성을 암시해 준다.

  영혼과 우주의 소리를 들려준 사랑의 경험, 그것은

이제 지나간 추억으로 자리를 잡으면서 시인의 마음 속에는 언제나 사랑을 향한 그리움이 물안개처럼 피어오른다. "죽는 날을 알면서 나를 위해/ 온몸으로 피었던 너/ 한 순간을 피고 그토록/ 전 생애를 살았다고/ 가버리는 너"(「꽃 한송이」 부분)를 향한 그리움은 일생의 업으로 남는다. 하여 시인은 "마주하고 가슴 태우며/ 꺼질 줄 모르는 불꽃/ 방안 가득하던 촛불들은 다 어디로 갔느냐"(「빈집」 부분)고 묻는 일을 반복할 수밖에 없다.

    마음을 열고
    아무 말도 하지 않고
    흐르자고 한다

    지는 잎의 떨림
    서리의 노여움 가득 찬 들녘으로
    잊혀진 이름 부르며

    그는 내게
    울음을 터뜨리게 하고
    쪽빛으로 조용히 흐르고 있다
                           ―「가을 마음」 부분

나비가 되고 공주도 되니

왕자를 만나는 것 어찌 이리 쉽나

나의 시계는 멈추고

해가 기울기엔 아직 멀어

분홍빛 잠, 빠져들어간들

나쁠 것 없지 않은가

멀어져가는 꿈속에서 행여

다신 만날 수 없는 나의 왕자

떨어지지 않는 발걸음

저녁 종소리에 젖고 있네

— 「낮잠」 전문

   앞의 시는 "가을"을 시간적 배경으로 삼아 지나간 사랑에 대한 간절한 소망을 노래하고 있다. "가을"은 흔히 조락의 계절이자 풍요의 계절이라고 한다. 사람들은 "지는 잎의 떨림" 즉 여름의 무성했던 나뭇잎들이 지상으로 떨어지는 모습을 보면서 상실감을 느낀다. 지나간 사랑이 마음속에 유난이 떠오르는 것도 이러한 계절 감각과 관계 깊다. "가을"은 "잊혀진 이름 부르며" 스스로 아픈 고독감에 빠져드는 계절인 것이다. 그러나 가을은 또한 풍요로운 계절이다. 지나간 사랑을 회억하는 것은 현실에서의 상실감을 확인하는 일이지만, 다른 한편으로는 마음속에 사랑을 다시 불러들여 내면화하는 일이기도 하다. 비록 "그는 내게/ 울음을 터뜨리게 하"는 존재이지만, "쪽빛으로 조용히 흐르고 있"는 존재이기 때문이다. 사랑했던 사람이 가을 하늘의 "쪽빛"처럼 마음속에 "흐르고 있"다는 것은 사랑의 지속성을 말해준다. 이래저래 가을은 사랑의 계절인 셈이다.

뒤의 시에서 시인은 백일몽 속에서 환상의 나래를 편다. 이 시는 "낮잠"을 자면서 꿈을 꾸는 이야기를 전하고 있는데, 그 내용은 "나비가 되고 공주도 되니/ 왕자를 만나는 것"이다. 프로이트에 의하면 꿈은 무의식의 표현으로서 억압된 욕망을 상징한다. 혹은 일종의 압축(condensation) 현상으로서 특정한 일에 관련된 유사한 일들이 관련되어 나타나는 것이다. 그렇다면 "왕자를 만나는 것"은 시인이 오랫동안 억제해온 마음 깊은 속의 욕망 혹은 소망이라고 할 수 있을 터이다. 그 소망이 실현되는 꿈의 세계에서 "나의 시계는 멈추"게 된다. 즉 현실의 시간이 멈추고 사랑의 시간이 작동하는 것이다. 문제는 그 꿈이 일시적이고 휘발성을 띠기 때문에 꿈을 깨는 순간 "다신 만날 수 없는 나의 왕자"가 되어 버린다는 점이다. 하여 다시 "왕자"가 부재하는 현실로 돌아오는 아쉬움 때문에 "떨어지지 않는 발걸음"이 "저녁 종소리에 젖"고 있을 뿐이다. 사랑은 이러한 백일몽처럼 순간적이고 허무한 것이어서 영원한 그리움의 대상이 되는 것이다.

그리움은 부재하는 사랑을 다시 소환하여 그 역설적 존재감을 확인하는 방식이다. 현실에서 부재하는 사랑을 마음속에서 다시 존재하게 하는 힘은 "한 그루 나무로 서면/ 때론 나의 절망도/ 황홀하기만 하다"(「나무로 서면」 부분)는 역설적 인식과 관련된다. 역설적 인식은 어떠한 "절망"도 "한 그루 나무"와 같은 생명력과 의연함으로 극복해내는 "황홀"감으로의 전환을 가능하게 한다. 그것이 바로 시의 정신이자 사랑의 정신이다. 시의 정신은 비루한 현실을 고상한 이상으로 전환해 주고, 사랑의 정신은 불완전한 현실의 만남을 완전한 영혼의 세계로 끌어올린다. 또한 부재하는 사랑의 현재화는 "어디선가 머뭇거리는 그대 발자국 소리 있어/ 아직은 눈물 흘리지 않겠네/ 강 저편, 그대 거기 있으니 기다리겠네"(「그것은 사랑이었다」 부분)라는 인식과 관련된다. 비록 지금 여기는 아닐지라도 사랑하는 사람이 언제든 "거기 있"을 것이라는 믿음과 함께 끝까지 "기다리겠"다는 다짐으로 사랑은 아직 진행형으로 남는 것이다.

이 시집에 등장하는 또 하나의 그리움은 고향을 향한다. 그곳에는 유년기의 추억과 따스한 가족의 숨결이 살아 숨쉰다. 오래전에 미국이라는 낯선 땅에서 정착하여 살아가고 있는 권영희 시인에게 고향은 각별한 그리움의 대상이다. 고향은 아무리 세월이 흘러가도 잊혀질 듯 잊히지지 않으면서 마음 깊이 자리를 잡고 있다.

    밤 기차를 타고 가는 샤갈의 마을엔
    흰 눈이 조용조용 내리고
    그 속에 청보라색 꽃들 숨이 막힌다

    산양들 고향 그리는 울음
    밭 일구던 여인들 호미 내던지고
    동물들 얼싸안고 두둥실 춤을 추는

어제도 오늘도 잊어버린 마을
사랑, 미움 없는 것 없이
꿈만 먹고 산다

꽃밭에 주저앉아 눈 감으면
뼈 마디마디에

영혼으로 다가가는 환희

기차가 울어대며 날 기다리고
　　　　　　　─「샤갈의 마을」 전문

　이 시에서 "샤갈의 마을"은 입체파 화가 샤갈의 그림 「나와 마을」을 연상케 한다. 이 그림은 화폭 좌우에 암소의 머리와 샤갈 자신의 얼굴이 있고, 위쪽으로 우유를 짜는 여인과 교회, 집들, 농부 등이, 아래쪽으로는 꽃이 핀 나무 한 그루가 있다. 이 그림은 고향 마을과 유년 시절의 체험을 몽상적으로 그린 작품이다. 권영희 시인은 이 그림을 매개로 자신의 고향에 대한 그리움을 드러내고 있다. 고향은 "흰 눈이 조용조용 내리고/ 그 속에 청보라색 꽃들"이 피어있는 아름다운 곳이다. 그곳은 "산양들 고향 그리는 울음"이 들리고, "밭을 일구던 여인들"이 "동물들"과 하나처럼 살아가는 평화로운 곳이다. 이뿐만 아니라 그곳은 현실의 시간인 "어제도 오늘도 잊어버린" 채 살아가는 "꿈"의 장소이다. 머나먼 타향살이 가운데서 언제든 그곳을 생각하면 "뼈 마디마디에/ 영혼으로 다가가는 환희"가 다가든다. 시인은 언제나 그곳으로 가는 "기차가 울어대며 날 기다리고" 있다고 생각한다. 고향은 언제든지 어떤 모습으로든지 오라고 손짓하는 아름답고 평화로운 이상향이다. 이처럼 이 시는 그림을 패러디하여 고향에 대한 그리움을 노래하고 있다. 유명한 그림을 모티브로 한 발상이 흥미롭고, "기차"를 매개로 한 수미 상관적 구성도 시상의 안정감과 완성도를 높여주고 있다.

 미주 한인 시인들에게 고향을 향한 그리움은 하나의 보편적인 시적 정서에 해당한다. 시인에 따라서 그 강약의 차이는 있을지언정 향수의 정서에서 자유로운 사람은 아무도 없다. 자연히 미주 시인들은 고향을 기리는 마음을 시에 빈도 높게 담아내곤 한다. 권영희 시인 역시 고향을 그리는 마음을 시에 담아내는데, 아래의 시들은 구체적인 경험과 결합한 향수의 정서를 담아내고 있다.

 흰 눈으로 세수를 하고 갈증을 축이며
 즐겁던 밤기차는 나의 첫여행이었다

 드디어 울기 시작했다
 아버지가 삼남매를 차에 밀어 넣고
 곧 갈게, 손 흔들던 모습

 그는, 모든 것을 우리에게 내어주고

늘 뒤에 계셨다
그는, 삶이 하나도 힘겹지 않은 듯
미소만 보이셨다
날 새면 바라보는 태양처럼
쏟아지는 그의 사랑이
내겐 우주였음을
그가 끝내 돌아오지 않을 것들
왜 그땐 몰랐을까

—「곧 갈게」부분

늘 목이 말랐다, 큰맘 먹고 훌쩍
옛 풍경 속으로 날아갔다
고향 하늘 싸늘한데
봄바람은 달콤한 그리움이었다

…(중략)…

정오를 알리는 성당 종소리
여전하였다
흰 눈속 복사꽃만이 여전하였다

원색 넥타이에 묵직한 가방

잘난 척, 배 나온 친구들
더는 묻고 싶지 않았다
우리가 택한 길에 대해

눈물 구름 속에 뿌린 채
되돌아온 먼 고향길

— 「복사꽃만이」 전문

앞의 시는 "아버지"와의 눈물겨운 이별 장면을 그리고 있다. 시인은 6·25 전쟁 중에 아버지를 두고 월남하던 "1·4 후퇴"(같은 시)의 기억을 떠올리고 있다. 어린 시절 "아버지가 삼 남매를 차에 밀어 넣고/ 곧 갈게, 손들던 모습"을 보던 때의 아련한 심사를 묘사하고 있다. 그러면서 힘겨운 삶 속에서도 "모든 것은 우리에게 내어주고/ 늘 뒤에 계셨던" "아버지"를 생각하고 있다. "아버지"는 그 시절 "태양"이자 "우주"였다. 그러나 그분은 끝내 가족들 곁으로 돌아오지 못하고 영영 이별을 하고야 말았다. 많은 세월이 흐른 지금도 시인은 "곧 갈게"라는 "아버지"의 목소리를 잊을 수 없으니, 이제까지의 생애는 내내 "아버지"에 대한 그리움에서 한치도 벗어날 수 없었을 터이다. 그 아버지는 "바람이 기우뚱대며/ 나무를 흔드는 겨울/ 무수한 아버지들 거기 서 있고/ 푸른 수맥으로 동여맨다"(「겨울 숲」 부분)고 할 때처럼, 인생의 시련이 닥칠 때마다 마음의 중심을 잡게 해 주는 존재였기 때문이다. 또한 "어머니" 역시 그러하다. "어머니 나이 되어 밥상을 차릴 때면/ 자꾸만 그녀를 불러야만 했다"면서 "어머니, 그리워요"(「밥상 차리는 여자」 부분)라는 고백에는 "어머니"를 향한 마음이 온전히 드러난다.

뒤의 시는 오랜만에 고향을 방문해서 느낀 감회를 노래하고 있다. 과거에 존재하던 마음의 고향과 현재에 존재하는 현실의 고향 사이에서 괴리감을 느끼면서도 고향을 잊을 수가 없다. 그래서 시인은 어느 날, 고향에 대한 갈망을 품고 "큰맘 먹고/ 옛 풍경 속으로 날아갔"던 것으로 보인다. 그런데 "고향 하늘은 싸늘"하게 느껴진다. 너무나 많은 세월이 흘러 이제 고향에서조차 이방인이 된 것일까? 시인은 서울의 풍경 속에서 "잘난 척, 배 나온 친구들"을 바라보면서 고향 사람들이 낯설다고 느낀다. 옛날과 변함이 없는 "성당 종소리"와 "복사꽃"의 모습도 마음으로 느끼는 왠지 모를 소외감을 더 절실하게 강조해 줄 뿐이다. 하여 "눈물 구름 속에 뿌린 채" 이국땅으로 돌아오고 말았다. 현재의 "고향길"은 이처럼 변해버린 사람들과 변함없는 자연을 만나는 여정인 셈인데, 그렇기에 과거의 고향

혹은 마음의 고향은 더 절박한 그리움의 대상이 된다.

3.

　권영희 시인을 그리움의 시인이라고 했을 때, 우리는 하나의 전제를 두어야 할 듯하다. 그리움을 애틋하거나 소극적인 감정의 발로라고 보아서는 곤란하다는 점이다. 실제로 이 시집에 빈도 높게 나타나는 그리움은 잃어버린 것에 대한 강렬한 회복의 의지를 포함하고 있다. 가령 고향에 대한 그리움이나 가족에 대한 그리움, 사랑에 대한 그리움 등은 파토스에 그치는 것이 아니라 에토스의 차원으로까지 나아간다. 즉 권 시인의 그리움은 날이 갈수록 각박해지고 비인간화되는 오늘의 세태를 넘어서 더 인간적이고 따뜻한 인생을 지향하는 윤리적 차원의 의지를 포함한다. 그리고 그리움이 삶의 결핍을 확인하는 데 그치는 것이 아니라, 그 결핍을 극복하기 위한 역설적 인식을 매개한다는 점도 기억할 필요가 있다.

　　캄캄한 입속에서 사다
　　망설이다 나오지 못한 말들
　　검은 숲속에 겹겹이 살다가
　　종달새 노래로 그의 마음 간지러 주다가
　　이따금 열기로 터져나와

비수로 꽂혀 상처를 새겨준다

밤길을 걸으며 찬찬히 생각하니
아무것도 아닌 것을

대답 없는 이에게 하고 싶은 말들이
잎이 돋고 꽃이 피다
시들은 사연들 목젖을 넘어간다

입안 저 속에서만 산다
하고 싶은 말들, 봄이 찾아와
언젠가 파피꽃처럼 터져나와
내가 알 수 없는 것들
봄비로 촉촉이 적셔주는

알 수 없구나 그날이

— 「파피꽃처럼 터져나와」 전문

  이 시에서 "파피꽃"은 말 혹은 언어가 지니는 승화의 기능을 상징한다. 때로는 언어가 "비수고 꽂혀 상처를 새겨주"는 부정적인 기능을 갖기도 하지만, 의사소통과 깊은 사유와 자유로운 상상을 가능케 해준다. 또한 언어는 실제 현실 너머를 상상하고 새로운 세계를 창조하는 매우 수준 높은 기능을 갖추고 있다. 가령 "대답 없는 이에게 하고 싶은 말들이/ 잎이 돋고 꽃이 핀다"는 것은 그러한 기능과 관계 깊다. "대답 없는 이"는 이미 "나"와 소통이 단절된 존재이지만, 언어는 언젠가 "하고 싶은 말들, 봄이 찾아와/ 언젠가 파피꽃처럼 터져나와" 다시 소통하는 존재로 만들어주는 역할을 한다. "그날이" 언제인지는 "알 수 없"을지라도 사람과 존재들 사이에 "봄비로 촉촉이 적셔주는" 것이다. 시인은 이러한 언어를 간직하고 사는 존재이므로, 시적 상상 속에서 부재를 존재로 만들고 이별을 만남으로 만들기도 한다, 하여 시인은 비록 고향과 가족과 사랑을 잃어버리고 살아가지만, 그리움을 매개로 하는 시적 상상 속에서 그것들을 다시 되살려내어 함께 살아 간다. 하여 권영희 시의 그리움은 매우 생산적인 기능을 하는 마음의 작용이라 할 수 있다.

그리움의 역설적 생산성은 이 시집의 전반에 흐르는 하나의 시적 기조라고 할 만하다. 가령 "목 터지게 누군가 부르다/ 돌아온 숨소리에 나를 업고/ 밤이면 별주먹이 쏟아지는 곳에// 나는 마침내, 나를 버린다"(「데스밸리 풍경」 부분)라는 시구에서 그러한 성향이 흥미롭게 드러난다. "데스밸리"는 말 그대로 죽음의 계곡이라고 불리는 장소인데, 그곳에서 "별주먹"을 발견한 시인은 이제 별의 나라, 시의 나라에 거듭 태난다. 죽음과도 같은 현실의 "나"를 버려 생명과도 같은 진정한 "나"를 다시 발견하는 것이다. 이는 죽음의 세계는 "다 버려야 한다/ 다 잊어야 한다"(「날마다 버린다」 부분)고 하면서 "가버린 것들 다시 온다네"(「가을 숲」 부분)라고 확신하는 마음과 관계 깊다. "싹둑싹둑, 탁탁 가위질하는/ 늙은 정원사 굽은 등 위에/ 봄의 아지랑이가 싱그럽다"(「가지 치기」 부분)라고 하듯이 죽은 것들을 버려 새로운 생명을 얻고자 하는 것이다. 하여 사랑마저도 "사랑은/ 붉게 타다가 사라졌다가/ 비 오는 날에 젖으며/ 다시 온다"(「비에 젖은 수채화」 부분)고 노래할 수 있는 것이다. 따라서 권영희 시의 그리움은 생산적인, 매우 생산적인 마음의 풍경을 만드는 힘을 지녔다고 말하지 않을 수 없다.